LICHT UND SCHATTEN
LUCE ED OMBRA

UNIVERSITÄTS
BIBLIOTHEK
HEIDELBERG

42

HEIDELBERGER BIBLIOTHEKSSCHRIFTEN

Maria Letizia Mancino

LICHT UND SCHATTEN
LUCE ED OMBRA

STEINKOPFF VERLAG DARMSTADT

Ausstellung in der Universitätsbibliothek Heidelberg,
18. 1. 1991 – 10. 4. 1991

Koordination
Ralf Wildermuth, Doris Hämmerle

Konservatorische Betreuung und Aufbau
Walter Schmitt in Zusammenarbeit mit Sabine Palmer

Fotos
Roland Zachmann

Frontispiz
M. L. Mancino-Cremer
Rekonstruktionszeichnung
der Kandelaber in der
Aula der Alten Universität,
Heidelberg

CIP-Titelaufnahme der Deutschen Bibliothek

Licht und Schatten : [Ausstellung in der Universitätsbibliothek
Heidelberg, 18.1.1991 – 10.4.1991] = Luce ed ombra / Maria
Letizia Mancino. – Darmstadt : Steinkopff, 1991
    (Heidelberger Bibliotheksschriften ; 42)
    ISBN 3-7985-0881-X
NE: Mancino, Maria Letizia; PT; Universitätsbibliothek ‹Heidelberg›:
    Heidelberger Bibliotheksschriften

Heidelberger Bibliotheksschriften 42

PRESENTAZIONE
GELEITWORT

PRESENTAZIONE

Chi percorre i corridoi della Biblioteca Universitaria di Heidelberg, ammira le numerose e belle lampade antiche. Esse sembrano le lampade originali dell'anno 1905, mentre invece, sono state ricostruite sulla base di una documentazione fotografica. Dobbiamo questo alla Signora Letizia Mancino-Cremer, che le ha ridisegnate con estrema sensibilità e precisione, come anche quelle della "Aula" della Vecchia Università.

La Signora Letizia Mancino-Cremer ha collaborato con grande impegno ai lavori della Biblioteca; ora ci presenta con la sua propria mostra "Luce ed Ombra" opere del suo mondo tanto personale.

Auguro a questa mostra molta risonanza e visitatori capaci di attenta e riflessiva contemplazione.

Heidelberg, settembre 1990

Prof. Dr. Elmar Mittler

GELEITWORT

Wer durch die Flure der Universitätsbibliothek Heidelberg geht, bewundert die vielen schönen alten Lampen. Sie wirken wie Originallampen aus dem Jahre 1905 und sind doch aufgrund von dokumentarischen Fotos neu geschaffen. Wir verdanken diese Wiederschöpfungen Frau Letizia Mancino-Cremer, die sie mit außerordentlicher Einfühlung und Präzision gestaltet hat – ähnlich wie in der Alten Aula der Universität.

Frau Letizia Mancino-Cremer hat in sehr überzeugender und engagierter Weise an den Aufgaben in der Bibliothek mitgearbeitet; jetzt stellt sie uns mit ihrer eigenen Ausstellung „Licht und Schatten" Werke aus ihrer ganz persönlichen Welt vor.

Ich wünsche dieser Ausstellung viel Resonanz und intensive, ja meditative Betrachter.

Heidelberg, im September 1990

Prof. Dr. Elmar Mittler

PREFAZIONE
VORWORT

PREFAZIONE

Le poesie e i quadri ci trasmettono impressioni simili. Ci si chiede pertanto, se siano i quadri ad essere illustrazioni delle poesie, oppure siano queste introduzioni verbali e mezzi di comprensione per i quadri. Entrambi i modi d' espressione senza dubbio provengono dallo stesso atteggiamento interiore; ma seguono le loro interne leggi. È una circostanza felice, che l' artista sappia esprimersi magistralmente nei diversi medium.

Lo stile conciso conferisce ai versi una singolare efficacia. Sebbene non sia riconoscibile un fondo concreto, e sebbene le esperienze siano solo brevemente accennate, i versi appaiono come una forma altamente personale di una particolare visione del mondo. L' astrattezza di molte espressioni non sminuisce la capacità di penetrazione, ma conferisce ai versi uno speciale spessore. Immagine si affianca a immagine, e spesso, insolita è la molteplice variazione degli elementi figurativi. Essi oltrepassano l' ordinario modo di vedere. L' artista ricorre ad antichi schemi, che hanno un' antica e millenaria tradizione nei linguaggi mitici e religiosi. Quanto a prima vista può apparire un surrealistico e romantico giuoco di parole, si rivela rapidamente come un sistema di segni in un mondo cosmico. Gli elementi centrali di questo mondo sono "luce" e "amore", "ombra" e "tenebra"; ella conosce le altezze insondabili e le profondità paurose, "soffio" e "vento", "cielo" e "terra", ma anche "pace" e "silenzio". Le polarità di questi mondi rivelano una tensione, che però mai si acuisce in lotta tra luce e tenebra. Dio è sopra, gli uomini sono sotto. Ma questo così non rimane. Il medium luce e amore li unisce nel profondo: in forme molteplici, racchiude in sé ogni vita, ogni elemento della natura.

VORWORT

Die Gedichte und die Bilder vermitteln uns ähnliche Eindrücke. Es fragt sich daher „Sind die Bilder Illustrationen der Gedichte oder sind diese verbale Einführungen oder Verständnishilfen für die Bilder?" Beide Ausdrucksweisen sind wohl der gleichen Einstellung entsprungen; sie folgen aber ihren eigenen inneren Gesetzen. Es ist ein glücklicher Umstand, daß die Künstlerin sich in unterschiedlichen Medien meisterlich mitteilen kann.

Die knappe Sprache verleiht den Versen eine ungewöhnliche Eindringlichkeit. Obgleich ein konkreter Hintergrund nicht erkennbar ist und auch Erfahrungen nur kurz angedeutet werden, erscheinen die Verse als höchstpersönlicher Ausdruck einer besonderen Weise der Welterfahrung. Die Abstraktheit vieler Ausdrücke schmälert nicht die Anschauungskraft, sondern gibt den Versen eine besondere Dichte. Bild reiht sich an Bild, und oft ist die vielfältige Variation von Bildelementen ungewohnt. Sie weisen über die alltägliche Anschauung hinaus. Die Künstlerin greift auf Schemata zurück, die eine Jahrtausende alte Tradition in der mythischen und religiösen Sprache haben. Was zunächst wie ein surrealistisches, romantisches Sprachspiel erscheinen konnte, erweist sich rasch als ein Zeichensystem einer kosmischen Welt. Die zentralen Elemente dieser Welt sind „Licht" und „Liebe", „Schatten" und „Finsternis"; sie kennt die unerforschliche Höhe und die bedrohliche Tiefe, „Hauch" und „Wind", „Himmel" und „Erde", aber auch „Stille" und „Schweigen". Die Polaritäten dieser Welt zeigen eine Spannung an, aber diese steigert sich nicht zum Kampf zwischen Licht und Finsternis. Gott ist oben, die Menschen sind unten. Doch dabei bleibt es nicht. Das Medium Licht und Liebe verbindet sich aufs innigste;

La luce delle altezze, dello spirito, delle divinità, rimane però insondabile, come la terra, quale simbolo della natura nascosta. La tenebra, le ombre, non contengono sgomento: esse descrivono, piuttosto, un mondo di mistero. Nonostante "brivido", "abisso", "agghiacciante angoscia" e "solitudine", le poesie trasmettono un mondo misterioso di leggiero movimento e di armonia, che si schiude a colui che ci si abbandona.

Luce ed ombra non sono categorie di un mondo morale buono e cattivo. Sono, però, più che segni di un' esperienza estetica. I versi si sollevano in linguaggio simbolico al di sopra della lotta quotidiana e delle contraddizioni. Esprimono un sentimento di vita, che trova gioia nell' accordo segreto con l' Insondabile.

Prof. Waldemar Schreckenberger
Ministro di Stato

in mannigfaltigen Formen schließen sie alles Leben alle natürlichen Elemente ein. Aber das Licht der Höhe, des Geistes, der Götter bleibt ebenso wie die Erde als Zeichen der geheimen Natur unerforschlich. Die Finsternis, die Schatten haben keine Schrecken; sie beschreiben eher eine Welt des Geheimnisses. Trotz „Schauder", „Klüfte", „eisiger Angst" und „Einsamkeit" vermitteln die Gedichte eine geheimnisvolle Welt der sanften Bewegung, der Harmonie, die sich dem Hingebungsfähigen erschließt.

Licht und Schatten sind keine Kategorien einer moralischen Welt von Gut und Böse. Sie sind aber mehr als ein Zeichen einer ästhetischen Erfahrung. Die Verse erheben sich in symbolreicher Sprache über den Alltag des Kampfes und der Widersprüche. Sie drücken ein Lebensgefühl aus, das Glück im geheimen Einverständnis mit dem Unerforschlichen findet.

Prof. Waldemar Schreckenberger
Staatsminister a. D.

INDICE GENERALE

INHALT

INDICE DELLE POESIE

VERZEICHNIS DER GEDICHTE

INTRODUZIONE

"Figlia dell' Amore e della Guerra", così è stata chiamata la Musica nell' antica Grecia.

"Figlio della Luce e della Tenebra", così possiamo qui chiamare il Colore.

La Luce e la Tenebra non sono direttamente sperimentabili dall' uomo, come princìpi assoluti; mentre la loro interazione, il colore, si manifesta sul piano direttamente percepibile.

Nella poesia è possibile pensare la Luce, separata dalla Tenebra.

Nella pittura invece, Luce e Tenebra sono legate in maniera indissolubile, poiché si manifestano come "colore".

Al tema "Luce ed Ombra" appartengono la poesia e la pittura, nello stesso grado.

Nelle seguenti poesie e pitture, che sono nate negli anni Settanta ed Ottanta, non si è cercato di dare uno sviluppo cronologico, ma un'alternanza ritmica, così come si presenta nella vita dei sensi e dell' anima.

Il testo originale delle poesie è in italiano; nella traduzione tedesca mi ha assistito Hanna Hecht.

Il lettore, che conosce entrambe le lingue noterà, che non sempre si è sacrificato il ritmo, a favore di una traduzione strettamente letterale.

EINFÜHRUNG

„Tochter der Liebe und des Krieges", so ist die Musik im antiken Griechenland genannt worden.

„Kind des Lichtes und der Finsternis" kann hier die Farbe genannt werden.

Das Licht und die Finsternis sind vom Menschen nicht direkt erfahrbar als absolute Prinzipien; ihre Wechselwirkung, die Farbe, manifestiert sich hingegen explizit.

In der Dichtung können Licht und Finsternis voneinander getrennt gedacht werden.

In der Malerei aber sind sie untrennbar miteinander verbunden, denn sie erscheinen als Farbe.

Zum Thema „Licht und Schatten" gehört beides, die Poesie und die Malerei.

In den folgenden Gedichten und Bildern, die in den siebziger und achtziger Jahren entstanden sind, wird keine chronologische Reihenfolge gesucht, sondern ein rhythmisches Alternieren, so wie es sich zeigt im Leben der Sinne und der Seele.

Der Originaltext der Gedichte ist italienisch; bei der deutschen Fassung war mir Hanna Hecht behilflich.

Der Leser, der in beiden Sprachen zuhause ist, wird bemerken, daß nicht immer der Rhythmus geopfert wurde zugunsten einer streng buchstabengetreuen Übersetzung.

POESIE
GEDICHTE

Vivere,
come la pianta,
nel tempio ampio
del cielo.
Unico dominio:
nel vento,
il profumo
di stelle
cospargere.

Leben,
wie die Pflanze
im Himmelsgewölbe:
Im Wind
den Duft
der Sterne
verhauchen
ihr einziges
Tun.

Sibilo del vento,
sibilo del Cosmo
su di me.
Spighe di frumento:
movimento d' onde,
oceano di luce.

Hauch des Windes,
Atem des Kosmos
über mir.
Wogende Ähren,
Fluten
des Lichts.

Dall' arco dei monti
la pace si lancia.
Da vetta a vetta
incatena la neve
la notte.
Nelle radici
gli alberi dormono
il vegetale sonno,
quando la fata
invisibile
tocca nell' incantesimo
il cuore
delle stelle.

Herab von Bergeshöhen
senkt sich der Friede.
Von Gipfel zu Gipfel
umkettet der Schnee
die Nacht.
Tief in den Wurzeln
ruhen die Bäume
im Pflanzenschlaf,
wenn unsichtbar
ein Engel
das Herz der Sterne
berührt.

Notte.
Tacciono
i rami assorti.
Tace
al di sopra
il cielo,
iride cristallina
della Luce.

Nacht.
Träumende Zweige,
darüber
der Himmel,
kristallenes Auge
des Lichts.

Sereno delle vette,
la luna
non ha potere
sulla bianca distesa
di ghiaccio.
Silenzio totale,
disceso
fin nelle pieghe
della terra.
Vita immobile.
Ritmo eterno.

Verklärte Gipfel:
auf den weiten Flächen
des Eises
bleibt der Mond
ohne Kraft.
Unendliche Stille
herrscht
bis hinab in die Gründe!
Regloses Leben.
Ewiger Rhythmus.

Della notte
il fascino del gelo
io scioglierò.
Dalla luce,
che splende
nel mattino,
conoscerò il segreto.
Tra le braccia dell' aria,
come le fronde,
dal mio Dio
mi lascerò
cullare.

Den eisigen Zauber
der Nacht
will ich brechen.
Vom Licht
des Morgens
will ich
das Geheimnis
ergründen.
Und dann,
wie Blätter
in den Armen
der Winde,
lasse ich
mich wiegen
von meinem Gott.

Sul mare
una zattera di fuoco
verso la riva
della notte
va.
E l' annuncio
che il sole tramonta
gli uccelli nel cielo
in alto gridano.
Silenzio che scendi
dalle altezze,
dove la luce
è vittoriosa,
nelle pieghe dei campi
il sonno adagia.

Auf Meereswellen
woget
ein Feuerboot
hin zu den Ufern
der Nacht.
Vogelgeschrei
hoch in den Himmeln
verkündet
der Sonne Untergang.
Aus lichtdurchfluteten
Höhen
gleitet Stille
den dämmernden Tälern
zu.

Il mio principio
è in te.
La mia parte di sole
albeggia
nella tua anima
infinite prospettive
di luce.

Mein Ursprung
ruht in dir.
Unendliche Perspektive
des Lichts
erhellt in deiner Seele
meinen Anteil
an der Sonne.

Luce,
palpito del cielo,
posato sul fiore.
Alito del Tempo.
Farfalla dispiegata
sulle ali del vento,
che spira.

Licht,
Zittern des Himmels
auf einer Blume.
Hauch der Zeit.
Leichter Falter
auf den Flügeln
des Windes.

Ecco,
di nuovo il buio
si prepara:
addensa
le sue incertezze,
i voli notturni,
i piccoli suoni,
e l' estesa pianura
della Notte.

Siehe,
aufs Neue
ballt sich das Dunkel:
es türmet
schattende Zweifel,
nächtliche Flüge,
zitterndes Flüstern,
und die unendliche Weite
der Nacht.

Ho fatto crescere
le mie mani,
per toccare
campi lucenti,
dove nel sole
ondeggia
il sibilo del grano.

Ich habe
meine Hände
wachsen lassen,
um nach leuchtenden
Feldern
zu greifen,
wo in der Sonne
wogende Ähren
säuseln
im Licht.

Ai margini
sfiorante,
io
ti cammino:
ape
sperduta
sopra
il fiore.

Am Rand
dich berührend
begleite
ich dich:
Biene,
im Blütenkelch
verloren.

Scendeva
il silenzio,
come un velario,
sulla scena immota.
Il sole roteante
tramontava,
e dalla terra,
come vapore nascosto,
saliva il buio.
Gli occhi,
fatti vicini
al cuore,
divorando il silenzio
immobile di Ronda,
attendevano
il mistero,
che si posa.

Schweigen
fällt
wie der Vorhang
über die leere Bühne.
Die Sonne
versinkt.
Im Dunst der Erde
steigt Dunkel
empor.
Dem Herzen
verbunden,
verzehren die Augen
die Stille um Ronda,
den Eintritt
des Wunders
erwartend.

Cara ultima luce,
caro terroso
respiro
degli alberi,
colonne erette
al buio,
che si posa!
Caro volo
d' uccelli,
cari ultimi
canti!
Come l' anima
insegue voi,
come mi prende
nostalgia
del Cosmo!

Scheidendes Licht,
geliebter Atem
der Bäume,
ragende Säulen,
worauf die Dunkelheit
ruht.
Vogelflug
du lieber,
lieber Abschiedsgesang!
Sehnsucht
erfüllt
meine Seele,
schwingt sich mit euch
ins All.

Guizzo di luce
sulle brevi onde:
intemporale
respiro
della gioia.

Blitzendes Licht
auf bebenden Wellen:
unendlicher
Atem
der Freude.

Emana dalla Notte
l' ombra,
respiro
della tenebra
frusciante.

Tief aus der Nacht
steigt
der Schatten,
bebender Hauch
der Finsternis.

Anima,
creatura solitaria,
esile gioco
di foglia,
nel vento
hai trovato la patria,
dove tutto
permane.
Il ricordo del buio
è passato.
Che colore aveva
la notte?
E le ombre,
che fanno
paura?
Erano scherzi
di rami,
che brillano
ricchi di doni.

Seele,
einsam Geschöpf,
Zittern des Blattes,
im Winde nur
findest du
Heimat und Ruhe.
Vergangen
ist lastendes
Dunkel.
Was war die Farbe
der Nacht?
Wo sind die Schatten
der Angst?
Es waren
nur Scherze
der Zweige,
die leuchten
im Glanz der Gaben.

Inverno:
una penna di luce
nel cielo
s' attarda.
S' alza il mio grido
sulle distese
di ghiaccio.
S' erge
il mio spirito
incontro
al suo astro,
e come lupo
percorre la steppa.
Apro il colloquio
alla luce morente:
io resto,
tu tornerai
domani.

Winter!
Ein Lichtstrahl
verspätet sich
im Himmel.
Aufsteigt
mein Schrei
über die Weite
des Eises.
Mein Geist
erhebt sich
zu seinem Stern
frei wie der Wolf
die Steppen
durchstreift.
Zwiesprache
mit dem sterbenden Licht:
Ich bleibe,
Du kehrst
morgen zurück.

Scintillìo della luna:
chiare bacche di luce,
tremanti
sul pelo dell' onda.
Un uccello notturno
fende nel buio
la spada dell' ala.
Un grido
avvolge
il silenzio.
Nell' erba
s' infiltra
la notte.
Scivola
lungo la riva
il brivido oscuro
del vuoto:
Divino che nasci,
Divino che muori.

Schimmer des Mondes:
glitzernde Blüte
auf zitternden Wellen.
Ein nächtlicher Vogel
teilt mit der Schwinge
degengleich
das Dunkel
der Nacht.
Ein Schrei
umhüllt das Schweigen.
Und Finsternis
dringt in das Gras.
Dem Ufer entlang
schleichet
eisige Angst
vor der Leere:
göttliches Entstehen,
göttliches Vergehen.

Stanco
è il mio spirito,
come stanca
è la terra,
la sera,
di luce.
Come stanca
è la sabbia,
e chiede al mare
riposo,
riposo all' onda
riposo ai flutti.
Stanco
è il mio spirito,
come lo stormo
d' uccelli,
che tutto l' oceano
ha trasvolato,
senza vedere terra.

Meine Seele
ist müde,
wie die Erde
am Abend
des Lichts.
Wie der Sand,
der Ruhe
vom Meer
erfleht,
Ruhe erfleht
von den Fluten.
Müde ist
meine Seele
wie wandernde Vögel,
die den Ozean
bezwingen,
ohne Land zu sehen.

Dio mio,
invisibile
scheletro
di Luce
folgora!

Gott,
sende
im Blitz
das Skelett
des Lichtes!

Canto solitario
nella notte;
suono isolato,
come il battito
del cuore
nel silenzio oscuro
del corpo,
risvegli in me
il sentimento
di quello,
che ho perduto:
la musica armoniosa
dell' intero
Universo.

Einsames Lied
in der Nacht;
verlorener Klang,
wie der Schlag
des Herzes
in der dunklen
Stille
des Körpers,
weckt
schmerzliches
Erinnern
vergangener Freude:
harmonisches
Ertönen
des Weltenalls.

Forse perché
somigli
ad una coppa
di silenzio,
versata
su creste intatte
di monti;
o forse perché
somigli
ad un soffio
di vertigine
e sgomento,
che appari
tanto sconosciuto,
pensiero.
Tu giungi
a me invisibile,
ospite silenzioso
del mio capo.
Di te
non il suono
conosco,
ma il solo balenare
della luce.

Vielleicht
weil du gleichest
dem Kelch
voller Stille,
über den Gipfeln
der Berge vergossen;
vielleicht
weil du gleichest
dem Hauch
aus schwindelnder Tiefe,
erscheinst du
so fremd,
oh Gedanke.
Unbemerkt
kommst du
zu mir,
schweigender Gast
meines Hauptes.
Ich kenne
keinen Laut
von dir,
nur vages Blinken
des Lichtes.

Sentimento di sole:
alba
nell' anima.
Ora
sento d' amare:
ora
che poca luce
alla finestra
scherza
con l' ombra
della casa.

Innewerden der Sonne:
Morgenlicht
in der Seele.
Jetzt
durchdringt mich
die Liebe:
jetzt
wo am Fenster
ein Lichtstrahl
scherzt
mit den Schatten
des Hauses.

Ruberei
il grande manto
alla Notte,
per abbracciarvi
tutti:
uomini animali piante,
e cose separate.

Der Nacht
will ich
ihren großen Mantel
rauben,
um euch alle
zu umarmen:
Menschen Tiere Planzen,
und kleine Dinge.

Voglio essere
la gola di un monte,
percossa
dalla tua forza,
vento.
Voglio essere
terra,
che aspetta
dal cielo
la pioggia.
Voglio essere
il ramo,
che innalza
nel cielo
il suo fiocco
di luce.
Voglio esser
la notte,
che ama
in silenzio
la tenebra.

Ich möchte
die Kluft der Berge
sein,
von deiner Kraft
erschüttert,
oh Wind!
Ich möchte
Erde sein,
vom Himmel
den Regen
erwartend.
Ich möchte
Zweig sein,
dem Himmel
mein Leuchten
hinhalten.
Ich möchte
die Nacht sein,
die heimlich
die Finsternis
liebt.

Respiro del mondo
in ogni cosa:
delle foglie
il vento,
alito gigantesco.
Sospiro
delle nuvole.
Vibrazioni
di Luce.

Atem der Welt
in jedem Ding:
In den Blättern
des Windes
ungeheurer Hauch.
Seufzer
der Wolken.
Schwingungen
des Lichts.

L' onnipotenza della Luce
ascende:
assoluta risorge.
Trasale il mare
e riconduce al cielo
il turbine
vociante
degli uccelli.

Allmächtig strahlendes
Licht
schreckt aus dem Schlafe
das Meer
und schleudert
wirbelnd
die Vögel
himmelswärts.

Onda d' amore,
che ti rinforzi
negli spessori
ineguali
della Luce,
dalle altezze
insondabili
al cuore,
dal Divino
nell' Umano
scendi.

Welle der Liebe,
die Dich stärkt
in den Ungleichheiten
des Lichtes,
fließest
aus unerforschlichen
Höhen
von den Göttern
zu den Menschen
hinab.

Terreno vivente
della Luce,
generante
la luce visibile,
più invisibile
dell' invisibile
sei Tu.
Sei effluvio
d' amore
sull' impervio,
sostanza del pervio,
e natura nascosta
del silenzio.

Muttererde des Lichtes,
der das sichtbare Licht
entspringt,
unsichtbarer
als das Unsichtbare
bist Du.
Bist
Atem der Liebe
über der Finsternis,
Kraft des Geistes,
geheime Natur
des Schweigens.

TAVOLE
TAFELN

TAVOLE

TAFELN

ALCUNE OSSERVAZIONI SU "LUCE ED OMERA"

EINIGE BEMERKUNGEN ZU „LICHT UND SCHATTEN"

Christoph Cremer

ALCUNE OSSERVAZIONI SU "LUCE ED OMBRA"

Luce ed ombra, luce e tenebra, giorno e notte, da millenni hanno suscitato negli uomini sentimenti e pensieri. Sotto l' aspetto della lunga tradizione religiosa, filosofica ed artistica di questi simboli, si voglion qui considerare le opere di M. Letizia Mancino, e in particolar modo il dipinto centrale "Luce ed Ombra".

Da una caverna che abbraccia tutto il dipinto e che ricorda la metafora di Platone, lo sguardo va verso il mondo azzurro dell' ombra e verso il mondo giallo della luce, che a loro volta si mescolano nel verde in un' ampia regione intermedia. Le linee di confine tra questi due regni sono invero complesse: zone d' ombra si frammischiano infatti, non solo nella regione intermedia, ma anche nel regno della luce; in questo esistono molteplici gradazioni, come pure nel regno dell' ombra.

È evidente che si tratta di un paesaggio non terrestre. Questo, infatti, è provato dalle dimensioni cosmiche della caverna, dalle prospettive "irreali", che fanno venire in mente quelle di MC Escher, e dal carattere astratto del dipinto, nonostante la sua apparente "concretezza". Alcune parti sembrano seguire un principio "frattale", come ad esempio, la parte al centro del quadro, che raffigura la montagna illuminata da un fascio di luce chiarissima, inviato da un punto luminoso nascosto nell' ombra delle nuvole. In una parte prevalente del quadro dominano, tuttavia, forme chiare, quasi "classiche" – come si può vedere nella forma circolare del lago d' ombra azzurro, nel mezzo della regione intermedia verde – e come pure si vede nelle forme complessive delle linee della costa, e nella convessità, pressoché circolare, del grande mare di luce nella metà destra del quadro. Anche nella zona verde, dove ombra e luce si combinano, dominano la composizione rigorose

Christoph Cremer

EINIGE BEMERKUNGEN ZU „LICHT UND SCHATTEN"

Licht und Schatten, Licht und Finsternis, Tag und Nacht haben die Menschen seit tausenden von Jahren bewegt. In der langen religiösen, philosophischen und künstlerischen Tradition dieser Ursymbole wollen auch die in dieser Ausstellung präsentierten Werke von Letizia Mancino gesehen werden, insbesondere das zentrale Gemälde „Licht und Schatten".

Aus einer an Platons Gleichnis erinnernden, das Bild umfassenden Höhle geht der Blick in die blaue Welt der Schatten und in die gelbe Welt des Lichtes, die sich in einem weiten grünen Zwischenbereich mischen. Die Grenzlinien zwischen diesen Reichen sind komplex: Enklaven des Schattens durchsetzen nicht allein das Zwischenreich, sondern auch das Reich des Lichtes; in diesem gibt es vielfältige Abstufungen, ebenso wie im Reich des Schattens.

Offenbar handelt es sich nicht um eine irdische Landschaft. Dies zeigen die kosmischen Dimensionen der Höhle, die an MC Escher gemahnenden ‚irrealen' Perspektiven und der trotz scheinbarer „Gegenständlichkeit" abstrakte Grundzug des Gemäldes. Manche Bereiche scheinen einem „fraktalen" Prinzip zu gehorchen, so der Berg im Zentrum des Bildes, der von überhellen Lichtstrahlen umglänzt wird, die von einem durch ein leuchtendes Wolkendunkel verborgenen Punkt aus-gesandt werden. Im überwiegenden Teil des Gemäldes herrschen jedoch klare, fast „klassische" Formen vor – so der kreisförmige blaue Schattensee inmitten des grünen Zwischenlandes, die allgemeinen Formen der Küstenlinie und die fast kreisförmige Ausbuchtung des großen Lichtmeeres in der rechten Bildhälfte.

forme architettoniche. Persino la tenebra si sottomette a leggi: una parte della caverna blu-nera è sormontata da cupola e ha nel mezzo, come il Pantheon a Roma, un' apertura circolare, attraverso la quale filtra un fascio d' ombra misto a debole luce.

Questo fascio, tanto debole da essere quasi invisibile, si separa dal cielo d' ombra, che sovrasta con la sua cupola il paesaggio nella parte sinistra del quadro, mentre a sua volta, il cielo d' ombra si ritira di fronte al cielo di luce, che viene attraversato da alcune nuvole luminose.

Quest' ultimo va già prendendo possesso della maggior parte dell' orizzonte del quadro; è evidente che viene considerato come una sostanza semplice, infinita, immutabile, che mai diminuisce, pur facendo fluire onde incessanti di luce. Questa luce ha una qualità trascendentale, il suo splendore penetra più e meno nelle regioni sottostanti; il mare di luce è, chiaramente, luce della sua luce.

Il quadro rivela, fin qui, numerosi richiami alla metafisica di Platone e successori, al pensiero e alla simbologia della Gnosi e del mondo della tarda antichità, come pure alle visioni di Dante. Tuttavia, esistono anche importanti punti di contatto con la vita spirituale del nostro tempo.

Da alcuni anni, in diversi rami della scienza, ad esempio nelle speculazioni cosmologiche della fisica, si discute la possibilità dell'esistenza di altri universi, che sottendono a leggi di natura diverse dalle nostre. Rifacendosi apparentemente a simili pensieri, lo scrittore polacco Stanislao Lem evoca nel suo racconto del 1962 "Il Diario" la visione di "un' innumerevole varietà di mondi", che si collegano, secondo un "ordine del rango più elevato", in uno "spettro" – "da universi, in cui governa il cieco caso, fino a cosmi di perfetta e rigida causalità, dove nulla è casuale". Come si potrebbe visualizzare in un quadro visionario un tale spettro di Lem? Ad esempio, questo sarebbe possibile, caratterizzando ognuno di questi universi con le grandezze fisiche, che gli sono peculiari. Per il nostro universo terrestre tali grandezze sarebbero, per citarne alcune, la velocità della luce nel vuoto, la forza

Auch im grünfarbigen Reich der Durchmischung von Schatten und Licht herrschen strenge architektonische Formen der Komposition vor. Sogar die Finsternis unterwirft sich Gesetzen: Ein überwölbender Teil der mit blauschwarzen Farbtönen gekennzeichneten Höhle hat wie das römische Pantheon eine kreisförmige, hellblau ausgelegte Öffnung, durch die ein von spärlichem Licht durchsetzter „Schattenstrahl" fällt.

Dieser feine, kaum sichtbare Strahl kündet von dem die Landschaft des linken Bildteiles überwölbenden blauen Schattenhimmel, der sich jedoch vor dem von einigen leuchtenden Wolken durchzogenen Lichthimmel auf dem Rückzug befindet; dieser nimmt bereits den größeren Teil des Bildhorizontes ein; er wird offenbar als einfache, unendliche, unveränderliche Substanz geschaut, die sich trotz der von ihr ausgehenden überströmenden Lichtfülle nie vermindert. Dieses Licht hat eine transzendentale Qualität, sein Glanz durchdringt mehr oder minder die unteren Bereiche; das Lichtmeer ist offenbar Licht von seinem Lichte.

Vielfältige Rückbezüge des Bildes sind bisher offenkundig geworden zur Lichtmetaphysik Platons und seiner Nachfolger, zur Gedankenwelt und Bildsymbolik von Gnosis und Spätantike, sowie zu den Visionen Dantes. Wichtige Verbindungen werden jedoch auch zum Geistesleben unserer Zeit geknüpft.

Seit einigen Jahren wird in verschiedenen Wissenschaftszweigen, z. B. in kosmophysikalischen Spekulationen, die Möglichkeit der Existenz anderer Welten mit von der unseren verschiedenen Naturgesetzlichkeiten diskutiert. An derartige Gedanken offenbar anknüpfend, beschwört der polnische Schriftsteller Stanislav Lem in seiner Erzählung „Tagebuch" aus dem Jahre 1962 die Vision einer „unabzählbaren Vielfalt von Welten", die sich in einer „Ordnung höheren Ranges" zu einem „Spektrum" zusammenfügen – „von den Weltalls, in welchen blinder Zufall Statthalter sein sollte, bis hin zu Kosmen vollkommen strenger Kausalität, in welchen nichts zufällig ist."

Wie könnte ein solches Lem'sches Spektrum von Welten im Bilde visionär veranschaulicht werden? Dies wäre z. B. so möglich, daß jede dieser Welten durch die in ihnen

del campo elettrico, e la forza di gravità. In un sistema di coordinate "spaziali" tridimensionale un tale universo sarebbe rappresentato da un punto; la "bontà leibniziana" di tale universo potrebbe essere rappresentata simbolicamente dal colore del punto- dal nero infernale fino al giallo paradisiaco. Universi caratterizzati da altre grandezze fisiche e gradi di "bontà" sarebbero rappresentati da punti di appropriata colorazione in altri luoghi del cosiddetto "spazio delle grandezze fondamentali". L' insieme dei punti, corrispondenti all' innumerevole varietà degli universi, darebbe un "paesaggio" all' interno dello "spazio" suaccennato; e poiché questo spazio dovrebbe essere in sostanza pluridimensionale (cioè per la caratterizzazione di un universo sarebbero necessarie non solo tre, ma parecchie grandezze) se ne potrebbe dare solo una restituzione visiva tridimensionale, e dunque solo una sezione tridimensionale, passante attraverso la pluridimensionale varietà. Un tale spettro di mondi può possedere, secondo Lem, diverse strutture. Ad esempio, piccolissime variazioni delle grandezze potrebbero avere per la qualità leibniziana dell'universo coinvolto conseguenze del tutto diverse, a secondo della loro localizzazione: in una zona, una piccola variazione potrebbe causare il passaggio da un mondo migliore ad uno peggiore, se non addirittura al pessimo; in questo caso punti di diverso colore si troverebbero molto adiacenti. In un' altra zona dello "spazio delle grandezze fondamentali", viceversa, anche grandi variazioni delle grandezze fondamentali potrebbero ben poco modificare la qualità buona o cattiva dell'universo, da esse rappresentato; i colori, di conseguenza, si modificherebbero solo lentamente. Nella sua globalità, tale paesaggio dello spettro degli universi di Lem avrebbe una composizione, in parte "frattale", e in parte "classica". Ci sarebbe ben poco da attendere l'equivalente di un paesaggio terrestre, perchè il quadro nell' insieme tenderebbe all'astratto.

Anche secondo una simile interpretazione è possibile concepire il quadro "Luce ed Ombra", come una visione di questo supercosmo di Lem; in essa si potrebbe scorgere una molteplicità di tipi diversi di mondi, come sono stati descritti in inesauribile profusione nella "Divina Commedia", dal mondo dell' Inferno al Paradiso. Se si prende il dipinto sotto questo aspetto, non si può negare, nonostante

gültigen Grundgrößen charakterisiert würde. Für unser irdisches Universum wären solche Grundgrößen, um einige zu nennen, die Geschwindigkeit des Lichtes im leeren Raum, die Stärke der elektrischen Kraft und die Stärke der Schwerkraft. In einem dreidimensionalen, „räumlichen" Koordinatensystem würde dann eine solche Welt durch einen Punkt repräsentiert; der Leibniz'sche „Gütegrad" einer solchen Welt könnte durch die Farbe des Punktes symbolisiert werden – von höllischem Schwarz bis zu paradiesischem Goldgelb. Welten mit anderen Grundgrößen und „Gütegraden" würden durch Punkte passender Färbung an anderen Orten des „Merkmalsraumes" repräsentiert. Die unabzählbare Vielfalt der Welten würde folglich durch eine „Landschaft" im Merkmalsraum gegeben; da dieser grundsätzlich vieldimensional wäre (d. h. zur Charakterisierung einer Welt wären in Wirklichkeit nicht nur drei, sondern sehr viele Größen erforderlich), könnten von ihm in einer visuellen Darstellung nur drei Dimensionen gezeigt werden, ein dreidimensionaler Schnitt also durch eine vieldimensionale Mannigfaltigkeit. Ein solches Spektrum der Welten kann nach Lem sehr verschiedene Strukturen besitzen. Zum Beispiel könnten geringfügige Veränderungen der Grundgrößen je nach dem Bereich im Merkmalsraum ganz verschiedene Konsequenzen für die Leibniz'sche Qualität der betroffenen Welt haben: In dem einen Bereich könnte eine kleine Veränderung einen Übergang bewirken von einer besten Welt in eine schlechtere oder schlechteste; hier wären also Punkte verschiedener Farben eng benachbart. In anderen Bereichen der Merkmalslandschaft hingegen würden auch größere Veränderungen der Grundgrößen wenig an der Güte oder Schlechtigkeit der dort repräsentierten Welten ändern; die Farben würden demnach nur langsam variieren. Insgesamt wäre die Merkmalslandschaft des Lem'schen Welterspektrums teils „fraktal", teils „klassisch" geordnet. Wohl kaum wäre das Äquivalent einer irdischen Landschaft zu erwarten, der Grundtenor des Bildes würde dem Abstrakten zuneigen.

Nach einer derartigen Interpretation könnte das Gemälde „Licht und Schatten" als eine Vision dieses Lem'schen Überkosmos aufgefaßt werden; in ihr könnte man Mannigfaltigkeiten verschiedener Typen von Welten ausmachen, wie sie in unerschöpflicher Fülle in der „Divina Commedia" beschrieben wurden, von Welten

tenebre e buio, una vista ottimistica: la maggior parte degli universi si trova nella luce, come per Plotino e per Leibniz.

Compito dell' osservatore è di decidere, quale punto del quadro gli sembri meglio caratterizzare il nostro universo, se uno nel regno della luce, uno nel regno dell' ombra, o uno infine nella vasta zona dove l' ombra si mescola alla luce.

des Inferno bis zum Paradies. Nimmt man das Bild in diesem Sinne, so ist allem Finsteren und Dunklen zum Trotz eine optimistische Sicht nicht zu verleugnen: Die meisten der Welten liegen im Licht, hierin Plotin und Leibniz folgend

Dem Betrachter muß es überlassen bleiben zu entscheiden, welcher Punkt des Gemäldes ihm für unsere irdische Welt als charakteristisch erscheint, ob im Lichtreiche, im Schattenland, oder in der breiten Zwischenzone von Schatten und Licht.

NOTIZIE BIOGRAFICHE

Maria Letizia Mancino è nata a Roma, dove ha vissuto e studiato, laureandosi nel 1976 in Architettura. Nell' anno 1979, a conclusione di un corso sul restauro monumenti, ha intrapreso un viaggio di studi nell' Europa Centrale, che l' ha messa in diretto contatto anche con la cultura tedesca, e che ha rinforzato il proposito di vivere in Germania, per meglio assimilarne la cultura. Già, infatti, dall' adolescenza si era andata sviluppando in lei una grande ammirazione per la musica tedesca, soprattutto per la grande forza plastica delle opere di Beethoven, ed attraverso gli studi, si era aggiunta più tardi una profonda ammirazione per la filosofia, per la penetranza del pensiero tedesco, inteso come prerogativa dello spirito, come polarità da conseguire, congiungendola al naturale vibrare dell'anima, dono della terra italica, della sua arte e del mondo classico.

Questo desiderio di sposare l' anima allo spirito, l' arte alla filosofia culmina nel 1983 con il matrimonio con Christoph Cremer, professore di fisica all' Università di Heidelberg, e con il successivo trasferimento in quella città, amata come culla della tradizione culturale, mite nel clima, e circondata da colline, dolci come quelle d' Italia.

La città offre immediata possibilità di lavoro nel settore dell' architettura, ed è in fermento per i preparativi per il sesto Centenario della fondazione della sua Università; nascono quindi collaborazioni per il restauro della Biblioteca Universi-taria, della Aula Magna, e per l' allestimento architettonico della mostra "Bibliotheca Palatina", cui succederà due anni più tardi, nell'anno 1988, quella del "Codex Manesse". Le due mostre mettono l'artista a contatto non solo con le radici della cultura europea, ma anche con i preziosi codici miniati, che insegnano la paziente dedizione all' arte, oltre la pura e spontanea improvvisazione.

BIOGRAPHISCHE NOTIZ

Maria Letizia Mancino stammt aus Rom, wo sie auch gelebt und das Studium der Architektur an der dortigen staatlichen Universität durchgeführt hat (Promotion 1976).

Im Jahr 1979 unternahm sie im Rahmen eines Aufbaustudiums zur Denkmalpflege eine Studienreise nach Mitteleuropa; diese brachte sie in Kontakt auch mit dem Kulturleben in Deutschland und bestärkte in ihr den Wunsch, dort zu leben, um sich besser die kulturelle Tradition des Landes aneignen zu können. Seit ihrer Jugend hatte sich in ihr eine große Bewunderung für die deutsche Musiküberlieferung entwickelt, vor allem für die große plastische Kraft der Werke Beethovens. Im Verlaufe ihres Studiums lernte sie auch die deutsche Philosophie schätzen, den durch-dringenden Blick des Denkens, verstanden als Gabe des Geistes, als eine Polarität, der zu folgen ist, und die es zu verbinden gilt mit dem natürlichen Vibrieren der Seele, einem Geschenk des italischen Bodens, seiner Kunst und der klassischen Welt

Das Verlangen, die Seele mit dem Geist, die Kunst mit der Philosophie zu verbinden, kulminierte in der Eheschließung (1983) mit Christoph Cremer, Professor der Physik an der Universität Heidelberg, und zu der Übersiedlung in diese Stadt, geliebt als eine Stätte der kulturellen Tradition, mit einem milden Klima gesegnet, und umgeben von weichen Hügeln wie die Städte Italiens.

Heidelberg bot damals eine unmittelbare Arbeitsmöglichkeit im Bereich der Architektur, und war in Bewegung aufgrund der Vorbereitungen für die Sechs-hundertjahrfeier der Gründung seiner Universität. Hieraus ergab sich für Letizia Mancino eine Mitarbeit bei den Restaurierungen der Universitätsbibliothek und der Alten Aula, der architektonischen Planung und Gestaltung der Ausstellungen

L' inclinazione per la pittura, manifestatasi già nell' infanzia, si rinforza a contatto della rara bellezza dei codici, e sboccia in un affinamento della tecnica e nel tentativo di recuperare per l' arte moderna lo splendore e la nitidezza dei vecchi dipinti, ed inoltre di elaborare la spontaneità dell' abbozzo, superando il suggerimento del contorno indefinito, della macchia di colore, verso una nuova chiarezza.

Come la pittura, così anche la poesia è stata una dote naturale fin dall' adolescenza, e si è manifestata durante il periodo degli studi classici, con la lettura dei testi greci, soprattutto con i frammenti della poesia di Saffo.

La poesia è, tuttavia, coltivata nel segreto, e se la prima mostra di pittura risale all' anno 1972, la prima pubblicazione , di poesie sulla rivista "Ars Uomo" è solo nell'anno 1981.

La poesia adombra fin dall'inizio tutti gli abissi del mondo interiore, che la pittura porterà a manifestazione solo nelle opere successive al 1974.

Nella poesia degli anni giovanili i temi non si presentano in forma di immagine, decantata da elementi personali, come nel periodo successivo al 1980, ma sono carichi di tutta la forza individualizzata dell' anima, che cerca e che soffre; l' anima tutta sognante ancora l' esperienza del mondo fisico esteriore, e tutta affaccendata nell' introspezione in cui scorge la sua vita pulsante, la sconfinata grandezza ed isolazione dell' individuazione, così come la ristrettezza dell' incarnazione sensibile; da qui il confronto con il dolore, con il deperimento della sostanza sensibile, ed il desiderio della trasfigurazione della materia, della sua trasformazione nell' originario tessuto di luce. La lotta tra spirito e materia, tra teismo e ateismo si accende e si fa virulento tra i quindici e i ventitre anni, fino al sopravvento del primo nella sfera logica e sfocia nella ricerca di un movimento spirituale di vasto respiro. In esso, attingendo alla fonte di pensieri, che tutta l' umanità ha pensato sulla natura dell' uomo e del cosmo, sono nati gli impulsi della pittura e della poesia

„Bibliotheca Palatina" sowie der zwei Jahre später (1988) folgenden Ausstellung „Codex Manesse".

Die beiden Ausstellungen brachten die Künstlerin nicht nur in enge Berührung mit Quellen europäischen Kulturlebens, sondern auch mit den kostbaren, mit Miniaturen versehenen Kodizes, die die geduldige Hingabe an die Kunst lehrten, jenseits der reinen und spontanen Improvisation. Die Neigung zur Malerei, die sich bereits in der Kindheit gezeigt hatte, verstärkte sich bei dem Kontakt mit der seltenen Schönheit der Kodizes; sie mündete in eine Verfeinerung ihrer Maltechnik und in den Versuch, für die moderne Kunst den Glanz und die Zartheit der alten Gemälde wiederzuerlangen, und darüber hinaus die Spontanität des Entwurfes auszuarbeiten, auf diese Weise die unbestimmten Umrisse von Farbflecken zugunsten einer neuen Klarheit überwindend.

Wie die Malerei, so war auch die Neigung zur Poesie seit der Jugendzeit eine natürliche Veranlagung, die während der Schulzeit an einem klassischen Lyzeum angeregt wurde, mit der Lektüre der griechischen Autoren, vor allem der Fragmente der Dichtung Sapphos. Die Poesie wurde indes im Stillen gepflegt, und während die erste Ausstellung auf dem Gebiet der Malerei auf das Jahr 1972 zurückging, erfolgte die erste Publikation von Gedichten erst im Jahre 1981 in der Zeitschrift „Ars Uomo". Die Poesie überschattete von Anfang an die Abgründe der inneren Welt, die die Malerei erst in den Werken ab 1974 zum Ausdruck brachte.

In den Gedichten der Jugendjahre zeigen sich die Themen nicht in bildlicher Form, abgeklärt von persönlichen Elementen, wie in der Periode ab 1980. Sondern sie sind beladen mit der individualisierten Kraft der suchenden und leidenden Seele, die

degli anni successivi al 1974, anno che costituisce un' importante cesura nella vita dell' artista.

Heidelberg, 3 ottobre 1990

noch die Erfahrung der physischen Welt träumt, und die sich abmüht in der Introspektion, in der sie ihr pulsierendes Leben entdeckt, die grenzenlose Größe und Isolation der Individuation, sowie die Beschränktheit der Verleiblichung. Von daher stammt die Begegnung mit dem Schmerz, mit dem Verfall der sensiblen Substanz und der Wunsch nach der Verklärung der Materie, ihrer Umwandlung in den ursprünglichen Lichtstoff. Der Kampf zwischen Geist und Materie, zwischen Theismus und Atheismus entzündete sich und wurde zwischen dem sechzehnten und dem vierundzwanzigsten Lebensjahr virulent, bis zum Überwiegen des Ersteren im Bereich des Denkens; er mündete in die Suche nach einer geistigen Bewegung von langem Atem. In der Berührung mit Gedanken über die Natur des Menschen und des Kosmos, die der Menschheit gemeinsam sind, entstanden die Anregungen für die Malerei und für die Gedichte der Jahre nach 1974, dem Jahr, das einen bedeutsamen Einschnitt im Leben der Künstlerin bildete.

Heidelberg, den 3. Oktober 1990

ISBN 3-7985-0881-X